AF233020

TESTAMENT

DE M. CHRÉTIEN-FRANÇOIS

DE LAMOIGNON,

Chevalier, Marquis de Bâville, ancien Pré-
sident à mortier du Parlement de Paris, &
ancien Garde-des-Sceaux de France :

Écrit de sa main, la surveille de sa mort,
& communiqué par le sieur de Lorger, son
homme de confiance.

———

Au nom du Père, & du Fils, & du Saint
Esprit, Ainsi soit-il.

AUJOURD'HUI, 12 mai 1789, moi, Chré-
tien-François de Lamoignon, sain de corps,
de tête & d'esprit, comme à mon ordi-
naire, ai fait mon présent testament.

Je recommande mon ame à Dieu, à la
Vierge, à tous les saints du paradis,

A

singulièrement à S. François, mon patron. Oui, grand Saint ! qui, par vos pénibles courses dans les Indes, & vos travaux opiniâtres à enseigner la morale évangélique, avez tiré de l'esclavage de l'erreur tant de créatures, pour les conduire au séjour des bienheureux, en les éclairant du flambeau de la religion chrétienne, c'est vous sur-tout que j'implore : accueillez favorablement ma prière ; daignez jetter un regard de compassion sur un pécheur qui n'a plus de ressource que dans la miséricorde divine : prosterné à vos pieds, les mains suppliantes & tendues vers vous, & courbé sous le poids accablant de mes crimes, que deviendrai-je, hélas ! si vous rejettez les vœux ardens que je vous adresse ? Effrayé de l'idée de l'éternité que je vais bientôt habiter ; abbatu par la crainte de paroître devant un Dieu vengeur dont mes fautes ont attiré la colère sur ma tête ; agité entre l'espoir flatteur d'obtenir mon pardon, & la cruelle incertitude d'expier, par des tourmens infinis, toutes mes scélératesses, faites que par le secours de votre médiation, j'éprouve les effets de sa clémence, quoique j'en sois indigne.

Comme je touche au bout de ma carrière, puisque mon existence ne dépendant que de moi , j'en puis avancer le terme ; je vais donc tracer mes dernières difpo- fitions : c'eft une amende honorable que j'adreffe à la bonne foi que j'ai fouvent violée , à la confiance publique que j'ai trahie , & au bonheur général dont j'ai toujours été le deftructeur.

Qu'on ne fe trompe pas fur la véritable caufe de ma mort : Traître à la patrie, à mon roi, à la nation , dépofitaire infidèle des deniers de la fucceffion du fieur de Beaujon, dont j'étois l'exécuteur teftamen- taire , & que j'ai diffipés ; abhorré de l'u- nivers entier, de ma famille, de mes amis, & de moi-même , il m'eft impoffible d'é- touffer plus long - temps la voix de ma confcience ; elle fe fait entendre avec trop de force : elle me crie inceffamment que je ne puis refter davantage fur la terre ; tels font les motifs qui ont provoqué mon dernier foupir, & qui, peut-être, me conduiront dans un féjour éternel de dou- leurs : car comment douterai-je de mon funefte fort? Ayant été infpiré par le diable, & la plus fidèle de fes créatures, je dois conféquemment être fon partage : j'y ai déja un pied, & je crains bien que ma vile carcaffe ne tarde pas à y defcendre.

Des aveux dictés par le remords & la

sincérité, fléchiroient-ils la justice suprême ?
Que j'ai de raisons pour penser le contraire !
Et combien je vais me rendre encore davantage l'objet de l'exécration générale,
en ne dissimulant rien ! mais la position dou-
loureuse dans laquelle je me trouve m'y
force, il faut m'y conformer.

Pardonnez-moi, grand Dieu ! d'avoir dé-
pouillé toute honte, toute retenue, & d'a-
voir insolemment abusé des priviléges de
ma place, dont je ne devois faire usage
que pour cimenter la confiance, & établir
le patriotisme.

Mon nom, mon rang, m'ont mis à l'abri
de la fureur publique, je me suis sauvé à la
rage légitime du François ; mais l'horreur,
le regret, le déchirement m'ont suivi jus-
ques dans ma retraite ; la froide tranquil-
lité du crime, ce front que je présentai à
la nation assemblée, ce cœur gangréné,
cette ame où il ne régnoit plus que la soif
des grandeurs, m'ont abandonné sur le seuil
la porte de mon exil ; il ne m'est plus
resté qu'une machine dont les ressorts usés
ne pouvoient s'emparer de l'apparence.

O mon roi ! pardonnez-moi si je vous ai
si cruellement, si indignement trompé :
doué d'une ame vertueuse & franche, vous
étiez loin de prévoir que sous des dehors

féduifans je méditois les plus grands crimes :
vous ignoriez, hélas ! que je n'avois pour
guide que l'ambition, pour dieu que le vil
& fordide intérêt, & pour but dans toutes
mes actions, que d'établir mon pouvoir fur
les ruines de la félicité publique.

Pardonnez-moi, robins, abbés parlementaires, & foumis à l'étendue de mon
autorité : malgré vos lumières je vous ai
trompé ; il s'eft trouvé parmi vous des per-
fides, des lâches, qui, fans pudeur ont
vendu la compagnie ; c'eft ainfi que tout
m'a été dévoué, je leur dois des preuves
de ma reconnoiffance, & chacun d'eux a
droit à la répartition de mes dons.

Pardonnez-moi, victimes fouffrantes de
ma rage barbare & fecrète ; vous languiffez
peut-être encore dans le fond des cachots,
appréhendant à chaque inftant le coup de
la mort ; vous accufez le monarque, ce roi
fenfible & bon, détrompez-vous, c'eft ma
main qui vous y a conduit en le rendant
dupe de mon caractère, de ma candeur ;
ufurpant ainfi toute la force & l'autorité,
j'ai feul dirigé le trait qui vous affaffine.

Et vous, peuple, ah ! que de larmes à
répandre ! que de reproches à me faire ;
Affaiffé fous le poids de la mifère, l'ina-
nition, le befoin de tout vous ont mis

(8)

les armes à la main ; le défespoir vous a
prêté des forces ; le hafard & la curiofité
ont fait périr plufieurs d'entre vous ; la mort
la plus infame a fourni l'exemple de la
punition , n'accufez que moi de ce tiffu
d'atrocités , il étoit combiné , & quelques
jours de plus, la France , par mes foins ,
devenoit le théâtre du brigandage , de la
révolte , d'un gouffre où l'on n'auroit ofé
faire un pas fans friffonner. A qui vous en
feriez-vous pris ? Hélas ! encore à votre
fouverain ; hé bien ! c'étoit moi feul qui
tramois ces fourdes & iniques intrigues.

Pardonne de même , ô mon cher de
Maupeou ! fi dans ce moment terrible, où
le badinage n'eft plus de faifon , j'entre dans
des détails ; ne me reproche pas d'avoir
fait faux bon à la confiance intime , & à
la fidélité que nous nous étions jurée ; il
m'eft impoffible de reculer, & le faut eft
trop effrayant pour étouffer des fcrupules
fur le bord de la tombe.

Pendant le cours de mon miniftère , je
me fuis plû à ramaffer les différentes idées
raffemblées dans les têtes des méchans qui
me faifoient périodiquement la cour. Je
cherchois à calquer mon plan fur le tien,
& à profiter des fages confeils que tu m'a-
vois donnés pour ne pas manquer mon

coup ; une deftinée fatale qui me pour-
fuit a fait échouer mes opérations. Je pref-
fentis cet événement ; il ne me reftoit
plus qu'un parti , que j'embraffai. Il y avoit
long-temps que je foudoyois les infames
fuppôts de la calomnie ; je doublai leurs
honoraires , & peu s'en fallut que je ne
fiffe difparoître le génie tutélaire de la
monarchie françoife.

Quelles réparations ne dois-je pas vous
faire , Baron de Breteuil ! Souvent votre
ftoïque inaction m'a fourni des prétextes
auprès de Louis , pour déclamer contre
les occupations de votre miniftère : la cour
plénière vous en vengea : je fuis bien éloi-
gné de vous en vouloir , je méritois cette
punition.

Auffi fouple que vindicatif, mes relations
fe font étendues par-tout ; j'ai tout vu ,
tout dominé, & le grand nom d'autorité,
& d'autorité royale dont je me fervois à
telle fin que de raifon, a rendu toujours
furs les coups que je portois.

Pauvre Brienne ! qu'eft devenu cet heu-
reux temps où nous travaillions de concert
à hâter la ruine de la nation par des projets ridicules & abfurdes ! Tes lumières ,
auffi bornées que les miennes, pouvoient-
elles jamais pénétrer l'enfemble des reffarts

qui font agir l'immenfe machine de l'ad-
miniftration ? Pardonne, fi je te parle auffi
ouvertement : mais, en confcience, puis-je
diffimuler que nous n'étions point faits pour
occuper un fi haut rang ? Nous avons cher-
ché, il eft vrai, à nous y maintenir en com-
mettant toutes fortes d'horreurs ; que nous
en eft-il revenu ? Elles n'ont fervi qu'à pré-
cipiter ta chûte & la mienne.

Ah ! ma parole expire en ce moment fur
mes lèvres, ou plûtôt ma main fe refufe de
continuer à tracer les iniquités dont je fuis
le moteur, & mon infame affociation avec
les perfécuteurs connus & fugitifs de la
monarchie : il faut cependant achever.

Le parlement eft généralement blâmé
par l'organe du peuple : le mérite-t-il ? *Gar-
dez-vous d'en douter ;* mais ce n'eft encore
que moi qui ai fait naître la fource de cette
divifion, en cherchant à rompre la con-
corde entre ces prétendus foutiens des lois,
& les plébéiens qui font forcés d'y recourir.

Depuis que les fleurs de lys font occu-
pées par ces têtes fans cervelle qu'on
conduit à gré, & dont la raifon èft totalement bannie, j'avois bien compté fur l'af-
furance & la réuffite de mes combinaifons,
tout devoir me les garantir ; mais elles fe
font avifées d'apporter de la réfiftance

où réellement elles devoient enregiftrer aveuglément. Eh ! qu'eft - ce que tout cela a produit ? la diffenfion ; & leurs fottes contrariétés n'ont fait qu'exalter des têtes parifiennes à qui le commun bonheur importe fort peu, pourvu qu'à la fuite du trouble elles jouiffent des fruits du pillage.

Ce n'eft pas là radoter, ce me femble, pour un homme qui va prendre congé d'un roi qui le méprife, d'un affemblage d'amis qui l'abandonnent, & des infracteurs de no e traité fecret, qui appuyent déja le p fur mon cadavre, & me renient fans pitié.

Faut-il ainfi déferter de ce monde pour aller probablement à tous les diables, fans apporter quelqu'ordre à fes affaires ? La religion que j'ai bravée, l'incertitude où je fuis fur ma place au vide univerfel, & tant d'autres motifs m'ordonnent d'être utile à mon dernier moment, puifque dans le cours de ma vie je n'ai fait que nuire : & c'eft, d'après cette fainte infpiration, ce confeil fecret de la Providence, que je prie mon exécuteur teftamentaire d'accomplir mes dernières volontés.

Mais afin de defcendre au ténébreux manoir la confcience un peu degagée, avant de dicter l'emploi que je veux qu'on faffe de ce que je poſſède, je dois encore un aveu qui ne peut que me ſoulager, quoique ſon expoſé me flétriſſe plus que le fer rouge de l'exécuteur, qu'on n'occupe qu'à détruire ce que nous autres grands, appellons la vermine populaire.

Sans Calonne, cet aimable fugitif, auſſi philoſophe que Diogène, & qui ne pouvoit concevoir comment on pouvoit attacher un prix aux richeſſes, & qui, ſous une autre forme que ce cynique incompréhenſible, traitoit le monarque en Alexandre; c'eſt-à-dire, cherchoit à lui inſpirer le mépris le plus évident pour les dons de la fortune, profitoit ainſi de la confiance d'un maître adoré, qui ne s'eſt jamais rendu qu'aux preuves les plus convaincantes de l'iniquité, tant ſon cœur tremble à la ſoupçonner; ſans Calonne, dis-je, je n'aurois certainement pas pouſſé mes entrepriſes ſi loin.

C'eſt donc à ce contrôleur, que je dois la réuſſite de la plus grande partie de mes projets : que lui importoit l'emploi des finances ? En vain les gémiſſemens du peuple retentiſſoient aux quatre coins de la capitale, & cherchoient dans les cœurs ſenſibles un écho qui pût repêter avec eux, *c'eſt le plus pur de notre ſang dont vous vous abreuvez :*

prenez donc notre vie, puisque vous envahissez nos biens. Ces rumeurs ne me sont jamais parvenues ; comme chef de la justice, j'aurois pu remédier à cette déprédation , mais Calonne connoissoit mon foible , & le courroux doit-il l'emporter sur le son flatteur de l'or, ou sur l'énergie du stile enchanteur des billets de caisse d'escompte ?

Ainsi , avec les deniers royaux , je me suis concilié tous les suffrages , j'ai acheté le secret des décisions les plus mystérieuses ; & comme la bonne foi, quoique bannie du commerce de la société civile, trouve encore quelqu'asile dans la cour des fripons, Calonne & moi, n'avons jamais rompu le serment de nous être fidèlement attachés.

Il ne faut pas moins que la perspective accablante de ma dernière heure, pour oser transgresser ces engagemens : il me pardonnera sans doute aussi.

Suis-je bien en droit detester ? je le crois : n'est-il pas dans l'ordre reçu de disposer de ce qui nous appartient , envers des personnes à qui nous croyons devoir donner des marques de notre reconnoissance en faveur des services qu'elles nous ont rendus ? La loi a prononcé sur cet article : je puis donc user du privilège qu'elle m'accorde.

D'abord je donne & legue à M. *Necker*, à cet homme adorable, le manuscrit de ma confession générale : son époque récente en établit la sincérité. Qu'il n'en doute en aucune manière, elle sera pour lui une clef nécessaire pour ouvrir le temple de la bienfaisance que nous avions fait fermer, Brienne & moi.

Je lui donne & legue en outre un para-tonnerre, pour le garantir de la foudre que le clergé, la noblesse & les parlemens voudroient faire éclater sur sa tête, dans l'orage qu'ils forment & grossissent incessam-ment contre lui.

Je donne & legue à M. *le premier président du parlement de Paris*, une phiole renfermant un philtre dont l'effet inévitable étouffe les semences d'orgueil, restreint le magistrat aux devoirs sacrés de son état, & l'empêche à jamais de former son malheur, en bravant sans respect ni décence l'autorité royale.

Je donne & legue à mon cher *Despré-menil*, une tarrogue, ou très-long tuyau de fer blanc, avec lequel, à l'exemple des vils gredins du quai, il pourra haranguer la populace sans détruire sa poitrine. Je

lui dois cette preuve de mon amitié. Après
avoir abboyé au barreau aussi constamment,
après avoir établi les principes de la sédi-
tion, il pourra désormais en place publique lâcher ses argumens à l'oreille, mais
qu'il prenne garde à *Cliquet* (1) qui, sans
égard pour son éloquence abusive, le traî-
nera droit à la Force.

Je lui donne & legue encore les quatre
merlins avec lesquels les gardes françoises
étoient sur le point d'enfoncer les portes
de la grand'chambre où il s'étoit refugié,
dans la fausse persuasion que le sanctuaire
des loix le mettroit à l'abri des recherches
du prince.

Je donne & legue à mes bons amis, *Ber-*
gasse, Kornmann & Gorsas, en considéra-

---

(1) J'invite tous les honnêtes gens à se méfier de ce scélérat, dont l'infame conduite fait horreur à toute la nature :
en le traitant de coquin je ne m'avance pas trop ; d'abord
tous ceux de son espèce le font ; mais il tient en perfec-
tion le grand'secret. D'assez bonne famille, & frère d'une
femme-de-chambre de quelqu'une de nos dames attachée
à la reine ; debuté, chassé de ses parens, il décrota, &
parvint à se faufiler chez un inspecteur de la librairie,
qui, quoique peu susceptible par état, e chassa pour fri-
ponneries ; il entrat chez le sieur Lehoux, autre suppôt
de police, qui lui sauva la corde qui ne peut lui fuir.

tion des sentimens d'estime qu'ils m'ont temoignés.

Savoir, au sieur *Bergasse*, deux exemplaires sur papier velin, de l'arrêt du parlement de Paris, dans son affaire contre Beaumarchais, &c.

Au sieur *Kornmann*, une corne d'abondance, pour ajouter à celles qui lui ont été plantées par le prince de Nassau, & dont Beaumarchais & Daudet avoient déjà fomenté les premiers germes.

Au sieur *Gorsas*, une plume sans fin, pour le mettre à même de consommer l'impertinente collection des rapsodies qu'il expose au grand jour de la lecture : quel trésor pour un littérateur aussi fecond !

Afin de prouver à M. *l'archevêque de Sens* ma tendre & constante amitié, & satisfaire son goût décidé pour les images obscènes & les tableaux lubriques, je lui donne & legue ma collection complette de mes charmans desseins d'après nature. Les soixante-quatre représentent au naturel les positions lascives que l'aimable *Contat* de la comédie françoise a exécutées devant *Touzet*, mon dessinateur, & à la plus grande partie desquelles j'ai eu la complaisance de servir de second ; ce sont des morceaux rares & propres à ranimer sa vigueur éteinte & ses sens énervés ; c'est au moins là mon intention.

Je donne & legue à *Lenoir*, ancien lieutenant de police, toutes les malédictions que le peuple a maintefois portées à mon tribunal contre lui. Par une complaisance aussi basse que criminelle, je les ai dissimulées ; mais comme je ne sais où je vais, & qu'en pareil cas on y regarde à deux fois, je lui rends ce qui lui appartient à si juste titre : il ne doit pas s'en plaindre, sa lâche association avec Beaumarchais & plusieurs membres du parlement de Paris, pour le commerce exécrable & illégitime des grains, les bévues & les horreurs de son administration, tout lui annonce une place dans le séjour que je vais probablement occuper.

Je lui donne & legue de plus, le fusil avec lequel je vais me brûler la cervelle, pour en faire le même usage que moi, attendu que quand on est perdu de réputation comme lui dans l'opinion publique, la vie n'est plus qu'un pesant fardeau qu'il n'est guère possible de supporter, & qu'on ne peut plus d'ailleurs se montrer dans le monde sans rougir de confusion.

Comme les bonnes actions doivent toujours être récompensées, je donne & legue à la charmante *comtesse de Chabannes*, toutes les sommes extorquées au trésor royal, avec lesquelles le cher de Calonne achetoit ma faveur & mon silence. Le voyage qu'elle fit à Londres pour embrasser encore son adorable fugitif, & réitérer des nouveaux sacrifices à Vénus, est une preuve évidente de son bon cœur. N'est-il pas juste que ce qui vient de la flûté, s'en retourne au tambour ?

Je donne & legue *au doyen de Notre-Dame*, le foin & l'avoine restant dans mes écuries, & dix-huit francs pour acheter un bréviaire. Si Dieu daigne lui ouvrir les yeux, il ne s'occupera que de cette lecture consolante & spirituelle, & n'intriguera plus méchamment & sourdement à l'assemblée des états.

Je donne & legue à *l'avocat-général Seguier*, une phiole remplie de bon sens, dont l'élixir est encore propre à corriger l'orgueil, étouffer la vengeance. Si le geai s'est jusqu'alors paré des plumes du paon

dans

dans fes ridicules & pompeux réquifitoires,
j'ofe efpèrer que cela ne fera plus , & je
fuis certain de fa reconnoiffance.

Je donne & legue à M. *de Barentin*,
mon fucceffeur, un bourlet, des lifières,
& une paire de lunettes, dont l'effet ma-
gnétique empêche les cerveaux timbrés &
fans énergie, de faire des fottifes. J'engage
MM. les directeurs des archives & ordon-
nateurs des bâtimens, de faire biffer d'une
des cours du palais le nom de Lamoignon.
Si mes ayeux célèbres par leurs vertus l'ont
illuftré, je dois convenir que je l'ai voué
à l'infamie & au mépris.

Je recommande très-fortement à M. l'ex-
miniftre *de Brienne*, de faire une penfion au
charpentier de la ville. Chaque fois qu'il
la payera, il pourra fe dire , *je l'ai échappé
belle.*

Je donne & legue à MM. *le comte de Ri-
varol & marquis de Champcenetz*, une plume
d'acier poli, détrempée dans le fiel de la
calomnie, & une liqueur diftillée par la noir-
ceur & la trahifon, comme c'eft le feul but
de leurs travaux, ils pourront écrire en toute

B

sûreté, je leur garantis le succès, à quelques coups de bâton près.

Comme le vice le plus infame est l'ingra-
titude, je donne & legue à *madame de Mar-
cantin*, notaire, une somme de 8000 liv.
pour la dédommager de celle dont Calonne
devoit la gratifier, lui qui en prenoit par-
tout où il en trouvoit, & qui réussissoit toujours par des fausses promesses. Cette somme
lui fera oublier sa molle foiblesse, & le mari
à la mode aura moins de chagrin d'avoir
laisser partager sa couche nuptiale.

Je donne & legue au *marquis de Beaupoil
de Saint-Aulaire*, une culotte de velours noir
usée, pour se donner un air d'importance;
avec cette défroque, il pourra se rendre
utile.

Je donne & legue *au comte de Mirabeau*,
un creuset à toute épreuve, dans lequel
peuvent se refondre toutes les mauvaises
qualités, vices de cœur, ame de boue, fri-
ponneries, scéleratesses rafinées. A qui
puis-je mieux m'adresser? oui, M. le comte,
mon creuset sera pour vous, mais je ne vous
le legue qu'en tremblant; car, malgré son
efficacité il pourroit très-bien ne pas rem-

plir l'objet pour lequel je vous le deſtine ; il eſt tant de cures ſurprenantes , qu'il ne feroit pas extraordinaire que l'art & la nature épuiſant toutes leurs reſſources pour faire de vous un honnête homme, ne parvinſſent qu'à compléter un coquin. Le plus fort en eſt fait, mais malgré cela , ne laiſſez pas que d'accepter mon creuſet , & , croyez-moi , courez promptement à la refonte.

Je donne & legue pareillement *au comte de Mirabeau* , les deux arrêts du conſeil, qui ſuppriment ſa feuille des états-généraux, & les papiers périodiques y relatifs ; c'eſt un excellent remède pour appaiſer la chaleur du ſtile, & faire rentrer la plume de ces écrivains mercenaires , dans les bornes de la décence. On peut en juger par ſes lettres écrites depuis à ſes commettans.

Pour reconnoître en quelque façon le pompeux galimathias dont *l'abbé de la Fage* a ſi ſouvent régalé mon égoïſme , je lui donne & legue un taliſman compoſé par un ſage de la Grece , avec lequel il pourra ſans crainte continuer d'agioter ſourdement aux aſſemblées , & faire autant de mal qu'il pourra ſans aucune crainte.

Je donne & legue à *l'abbé Roi*, un léger

bout de corde ramaffé fur le lieu du fupplice de fes premiers confrères, à la porte faint-Antoine.

Je rends à M. *de Calonne* un manufcrit de fa compofition, & commenté par fon cher frère, l'abbé, ayant pour titre, *Traité fimple & inévitable pour abforber en peu de tems les finances de la monarchie françoife.*

Je veux qu'il foit diftribué à *Laurent*, vingt-cinq louis pour le faire imprimer. Un ouvrage plein d'auffi grandes vues, & qui traite d'objets fi importans, ne fauroit être trop payé.

Je donne & legue au même M. *de Calonne*, une rame de papier brouillard, pour rem-placer celui des billets de caiffe d'efcompte avec lefquels il fe plaïfoit jadis à allumer fes bougies & celles de madame Lebrun.

Je donne & legue à ladite *dame Lebrun*, tous les uftenciles laiffés à Bâville-dans ma garderobe particulièrc, & qui ne font qu'à ufage de femme ; elle ne doit pas fe for-malifer de ce chétif préfent ; quand on a réellement befoin des chofes, on doit toujours les accepter pour s'en servir telles qu'elles font.

Je donne & lègue à l'avocat *Target*, une flûte à bec, pour divertir l'assemblée des états-généraux.

Je donne & lègue à l'*abbé Maury*, les rabats de la chancellerie, qui, bien retaillés, lui feront encore honneur.

Je donne & lègue à *madame Déprefménil*, un bidet mécanique : quand on vient de perdre une penfion, on doit fe tenir proprè, & très-propre.

Je donne & lègue à MM. *l'abbé Sabatier & Fréteau*, confeillers au parlement de Paris, chacun une copie par *duplicata*, des deux lettres de cachet, qui les ont conduit, le premier à Arles en Provence, & le fecond au Mont S. Michel, en Normandie, & ce, pour fe rappeller d'être un peu plus modérés à l'avenir dans leurs expreffions envers l'autorité royale.

Je donne & lègue à M. *Molé de Champlatreux*, mon gendre, tous les livres de droit de ma bibliothèque, afin d'y puifer

les connoiſſances dont il a ſi eſſentielle-
ment beſoin, pour s'acquitter avec plus
d'exactitude qu'il ne l'a fait juſqu'à préſent des devoirs de ſa place. Je l'engage
ſur-tout à bien méditer les principes du
code de Juſtinien, qu'il n'a jamais lu : il
y découvrira, que le magiſtrat doit s'occuper ſoigneuſement de rendre à chacun
ce qui lui appartient ; que ſon opinion ne
doit jamais ſe laiſſer entraîner par des motifs de haines particulières, comme il en
a déja donné la preuve dans une affaire
criminelle, jugée à la Tournelle au mois
de janvier dernier, contre une famille honnête dont le ſeul crime étoit de s'être
plaint d'avoir été volée. Je ſais bien qu'en
ſe comportant ainſi, il ne fait que marcher
ſur les traces de ſes dignes confrères, mais
je dois le prévenir qu'une conduite auſſi
infame que ſcandaleuſe, ne fait qu'aug-
menter l'indignation que tous les François
ont déja conçue contre les parlemens.

Je donne, & lègue à *Piépape*, mon ancien
ſecrétaire, un ganif à quatre lames, & à
manche d'or, pour tailler des plumes à M.
Necker. Je n'étendrai pas plus loin, à ſon
égard, la largeſſe de mes dons, attendu
que pendant le cours triomphant de ma

profpérité, il a eu le talent de s'amaffer bien adroitement une vingtaine de mille livres de rente.

Je donne & lègue à Me *Blondel*, avocat au parlement, également mon ancien fecrétaire, 6coo liv. de rente pour le dédommager de la perte de fon état, dont je fuis l'auteur, & s'épargner le défagrément de rentrer au barreau, où il ne manqueroit pas d'effuyer des tracafferies de toutes efpèces de la part des jappeurs crapuleux du palais, pour le punir d'avoir partagé mes occupations, & coopéré à l'état d'inertie dans lequel l'*ordre* eft refté pendant la fufpenfion du parlement ; car tout le monde fait que cette portion de la méprifable robinaille, s'affocie aux querelles des parlemens, tandis que ceux-ci en rient fous cap ; qu'ils ne s'en fervent que quand ils en ont abfolument befoin pendant l'orage, pour détourner de deffus leur tête le coup qui les menace, comme des chaffeurs lâchent des chiens fur un fanglier redoutable, pour ne pas être les victimes de fa fureur, & que, lorfque le calme reparoît, la fimarre gourmande de la bonne manière le chaperon, s'il vient à s'émanciper un peu trop dans fes plaidoyers : témoin l'avocat *Duverrier* dans l'affaire *Kornmann.*

Je donne & lègue à *Leprêtre de Boisder-ville*, avocat au parlement de Paris, dix mille livres une fois payées, pour l'aider à se libérer envers l'architecte qui lui a reconstruit sa maison, rue de la Harpe, & qu'il se trouve dans l'impossibilité de payer. Ce legs est fait en reconnoissance des offres vives & pressantes qu'il m'a réitérées d'occuper une place de lieutenant général dans un grand bailliage.

Je lui donne & lègue en outre 42 sols par jour pour se nourrir. La médiocrité de ses talens, la prédiction que défunt son père, ancien bâtonnier, lui a annoncée depuis long-temps, qu'il ne seroit jamais qu'une bête, s'étant accomplie, sa manière désagréable de parler en public, l'ayant réduit à un état de détresse fâcheuse, je lui dois cette foible marque de mon humanité, à condition cependant que dans le peu de causes dont on le chargera à l'avenir, il n'adoptera que celles qui auront pour bâse l'équité, & qu'il ne dégradera point la sublimité, la noblesse, la gloire de la profession d'avocat, en défendant le crime contre l'innocence, & en se livrant aux intrigues les plus basses, comme les plus aviliffantes pour faire triompher l'un au détriment de l'autre, comme il vient récemment de le faire dans une affaire criminelle au bailliage du palais, conjointement avec le *Brouin de la Guadeloupe*, lieutenant-général, & *Minier*, procureur du roi, qui ont eu la turpitude & l'indignité de fe prêter à une pareille manœuvre.

Je donne & lègue à *le Brouin de la Guadeloupe*, ci-deffus nommé, quatre grains d'ellébore, pour le guérir de fa peur que le bailliage du palais ne fût fupprimé, & dont il n'eft pas encore totalement rétabli.

Je lui donne & lègue en outre fix gros de fcience, dix de bon fens, & deux d'équité, pour corriger l'influence de l'imbécillité, de l'ignorance, du coquinifme, de l'effronterie, du pédantifme, & de la fuffifance qui prédomine dans fon individu.

Je donne & lègue à *Charles-Simon Bachois de Villefort*, lieutenant-criminel au châtelet de Paris, une bouteille d'eau de la fontaine de Jouvence, que je lui confeille de boire d'un feul trait, afin de lui faire oublier le paffé, c'eft-à-dire l'infamie dont il s'eft couvert aux yeux de fes confrères & du parlement, en confentant affez volon-

tiers à l'établissement d'un grand bailliage
au châtelet, dont il espéroit être le chef.

Je donne & lègue au nommé *Hubert*,
concierge des prisons de la conciergerie du
palais à Paris, en reconnoissance des pro-
pos qu'il se permettoit de débiter sur mon
compte, en présence des prisonniers, lors
du siége du palais, un manuscrit intitulé :
Tableau de la conciergerie, par un prisonnier;
édition 1789. Ce nouveau Cerbere y est
dépeint sous des couleurs si agréables ; sa
conduite envers les prisonniers y est si
avantageusement décrite ; ses bienfaits, son
humanité éclatent en tant de circonstances,
que s'il veut se rendre justice , d'après la
lecture de cet ouvrage, c'est de purger la
société d'un monstre de son espèce, en s'en-
sevelissant à jamais dans les entrailles de
la terre.

Je donne & lègue à M. *Héraut de Sé-
chelles*, 2e avocat-général au parlement de
Paris , un bon fouet de Postillon , pour
chasser de chez lui le nommé *Pigeau*, son
secrétaire, attendu que ce scélérat reçoit
des deux mains l'or des plaideurs, en leur
promettant à chacun de faire donner les
conclusions en leur faveur. Friponnerie

d'autant plus criante , que non-feulement il trompe l'une des deux parties , mais qu'il lui vole encore fon argeut.

Je donne & lègue au nommé *Samfon* , exécuteur des hautes œuvres , dix mille exemplaires de l'arrêté du parlement **de** Paris, du 4 Mai 1788 , qu'il a brûlé & lacéré au pied du grand efcalier du palais, pour les vendre à fon profit , & fe dédommager par-là de toutes les corvées que le parlement lui a fait faire fucceffivement depuis quelque temps , à la requête du célèbre *Antoine* , brûleur en chef.

Je donne & lègue à M. *l'archevêque de Chartres* , 60,000 liv. , pour le dédommager de pareille fomme , qu'il a été obligé de payer à l'un des poftillons de M. le Comte d'Artois , pour avoir couché avec fa femme (1).

---

(1) Le poftillon étant allé à Chantilly conduire M. le comte d'Artois, & fachant que M. l'évêque devoit coucher avec fa femme , revint à toute bride à Verfailles pendant la nuit. Il rentra chez lui , & furprit M. l'évêque. Furieux , il veut les poignarder tous deux , mais le pauvre évêque, tout tremblant de frayeur , cherche à appaifer le courroux du mari, qui , pour échapper à fa vengeance , le force de lui faire un billet de 60,000 liv. Le comte d'Ar-

Je donne & lègue à M. *Linguet*, un recueil manuscrit d'une infinité de prévarications commises par les parlemens , & qui n'ont pas encore été mises au jour. C'est pourquoi je le prie de vouloir bien les publier dans ses Annales, & de les revêtir de la magie de son style , pour leur donner une couleur encore plus noire : à l'effet de quoi , je lui donne & lègue aussi cinquante paquets de plumes, un quarteau de fiel , & cent rames de papier.

Lesquels legs j'espère qu'il voudra bien accepter , comme autant de preuves de mon souvenir envers les efforts qu'il a faits pour accréditer mes projets , & l'établissement des grands bailliages.

Je donne & lègue au sieur *Morande*, auteur du Courier de l'Europe , un traité du mensonge & de l'impudence , relié en maroquin , & doré sur tranche, pour le remercier des soins qu'il a pris dans le temps de mon ministère , de publier beaucoup d'im-

---

tois s'étant apperçu de l'absence de son postillon , lui en demanda la raison quand il fut de retour ; le postillon lui raconta ce qui s'étoit passé , & lui fit voir le billet. On en rit beaucoup à la cour , & l'évêque fut obligé de payer.

poſtures à ma louange, malgré que je ne l'en aie aucunement chargé.

Je donne & lègue aux *auteurs du Mercure & du Journal de Paris*, un très-gros recueil manuſcrit d'anecdotes intéreſſantes, & de pièces littéraires du meilleur goût, pour les inférer dans leurs feuilles, afin de ranimer la lecture languiſſante de leurs abonnés, & dédommager le public de celles qui ont paru juſqu'à préſent : lequel legs eſt fait en conſidération de l'indulgence que les auteurs de ces feuilles ont eu à publier l'acceptation de pluſieurs grands bailliages, dont les refus étoient conſtatés par les proteſtations les plus énergiques.

Je donne & lègue au *Chevalier Dubois*, cent bottes de paille *pour lui & ſon beau cheval blanc que tout Paris connoît*, en reconnoiſſance de la manière adroite & ſage dont il s'eſt comporté lors du ſiége du palais.

Je donne & lègue à M. *Dagoult*, ancien officier aux Gardes, tous les ſecrets que *Desbrugnières* m'a communiqués, pour mettre à exécution, avec dextérité, les ordres du roi dont il pourra déformais être chargé.

Je donne & lègue un imprimé de la déclaration du Roi fur l'établiffement des grands bailliages, à Me *Fournel*, avocat, qui, par une foibleffe impardonnable, ne rougit pas de fervir la haine ridicule, fervile & baffe du parlement, qui feul le fait agir, en fe chargeant de décrier dans des confultations la conduite des juges du grand bailliage de Beauvais, dans l'affaire des nommés Rondelle, pour tâcher de prendre ces officiers à partie. La lecture de cette déclaration pourra peut-être lui deffiller les yeux, & lui apprendre que quand il feroit vrai que les juges du grand bailliage de Beauvais auroient prévariqué, ni le parlement de Paris, ni aucun autre, ne feroit compétent pour en connoître, attendu qu'aux termes de la déclaration inftitutive des grands bailliages, leurs jugemens ne font point foumis à la cenfure des parlemens. Il n'y auroit qu'au confeil du roi feul, que les parties prétendues offenfées pourroient s'adreffer. Les refforts fecrets que le parlement de Paris a mis en activité dans cette affaire pour s'en attribuer la connoiffance, ne font donc que l'effet d'une manœuvre qui déshonore les auteurs, autant qu'elle fait connoître de plus en plus combien ces messieurs font peu délicats sur le choix des moyens, quand ils cherchent à se venger.

Je donne & legue à M. *Desartines, le fils*, conseiller au parlement de Paris, une collection complette de l'Arétin, avec des figures en taille-douce, représentant au naturel les 150 postures agaçantes que mademoiselle Adeline, de la comédie italienne, exécute avec ses plus chers favoris dans ses libations sur l'autel de Venus. Ce legs sera d'autant plus agréable à M. Desartines, que si dans le nombre de toutes ces attitudes, il en est quelques-unes que cette nymphe n'ait pas encore employées avec lui, il pourra la prier de lui procurer cette nouvelle jouissance.

Je donne & legue à M. *le marquis d'Harcourt*, gouverneur en survivance de la ville de Rouen, & de la province de Normandie, une somme de 12000 liv. pour acheter une maison dans Rouen, afin de pouvoir s'y loger quand il revient de la campagne, attendu que personne ne veut lui en louer à cause des bons services qu'il a rendus

à toute la ville, & de sa vigilance, comme
un des principaux chefs de mes espions, à
découvrir tout ce qui se passoit, à m'en rendre
compte, & à exécuter mes ordres avec la
plus grande ponctualité.

Je donne & legue à chacun *des lieute-
nants généraux, particuliers, avocats & pro-
cureurs du roi, qui ont accepté ces charges
dans les grands bailliages,* cinquante robes
rouges, pour les dédommager de l'indignation & des opprobres dont ils sont deve-
nus l'objet ; lesquelles robes on trouvera
dans un de mes greniers ; & afin que les
légataires puissent s'en défaire plus facile-
ment & les revendre pour un prix raisonn-
nable, ils pourront s'adresser au nommé le
Comte, fripier, sous les piliers des halles
où je les ai fait faire, & qui m'a donné sa
parole de les reprendre à peu de perte, en
cas qu'elles ne servent point, attendu qu'il
en fournit à beaucoup de parlementaires,
& pendant le carnaval.

Je donne & legue au *commissaire Renard,*
de la ville de Rouen, un bonnet quarré,
un rabat, une robe & une paire de souliers,
pour lui tenir lieu de ceux qu'il a usés dans

toutes

toutes ſes courſes avec le *marquis d'Har-court*, auquel il eſt entièrement dévoué.

Je donne & legue à *l'avocat Bourgeois*, fils du commiſſaire, qui l'a deshérité en mou-rant, comme étant un mauvais ſujet & un poliçon, un chapeau, deux cols, deux che-miſes, un habit, une veſte, une culotte, une paire de bas, une de ſouliers, & un mou-choir, pour le récompenſer de ſes offres à remplir une place dans un grand bailliage; & attendu que ma mort va le priver de prendre ſes répas à l'avenir dans ma cuiſine, je lui donne & legue 24 ſols par jour ſa vie durant.

Je donne & legue à *Flambart*, comman-dant la maréchauſſée à Rouen, chevalier de l'ordre royal & militaire de ſaint-Louis, douze cadenas, ſix paires de menottes, & autant de boulons, pour le mettre à portée de continuer à s'acquitter des de-voirs de ſon état, avec les mêmes pré-cautions qu'il l'a fait pendant mon miniſ. tère.

Je lui donne & legue pareillement un exemplaire de l'inſtruction ſur l'eſpionnage, par *Desbrugnières*, dédié & préſenté au

marquis d'Harcourt, & imprimé, à Rouen,
par les ordres, chez *le Boulanger*. (1)

Je donne & legue au *sieur Pigeon*, lieutenant général, honoraire au bailliage du
palais, avocat au parlement, & ancien
échevin de la ville de Paris, une baignoire :
il pourra s'en servir afin de dissiper radica-
lement les symptômes de la folie dont il
a été attaqué, & qui se font encore re-
marquer de tems en tems, pour avoir di-
verti les deniers qu'il avoit perçus pendant
le tems de son échevinage, & dont il lui
étoit impossible de rendre compte.

Et pour rétablir entièrement l'économie
de sa constitution un peu dérangée, je lui
donne & legue encore une douzaine de
pâtés de veau de rivière, vu son goût connu
pour ces sortes de mets, ainsi qu'il en a
donné la preuve dans l'affaire du *comte de
Moraugiés* avec les *Verrons*.

Je donne & legue à M. *le marquis de
Bourgade*, recev. gén. des fin. & neveu de
M. de Calonne, un petit ouvrage intitulé :

---

(1) Voyez le testament de Desbrugniéres , édition où
se trouve le codicile.

*Moyens de s'enrichir par des banqueroutes
frauduleuses , sans craindre les poursuites
de ses créanciers.* Ce traité lui sera d'autant plus utile, qu'il pourra revenir en
France après avoir quitté l'Angleterre où
il est allé se réfugier pour y dissiper probablement avec son cher oncle, la masse
énorme des fonds que la sagacité indus-
trieuse du receveur avoit fait couler en
abondance dans sa caisse, à l'époque où il
vouloit jouer son jeu.

Je donne & legue à M. *Dionis du séjour*,
conseiller de grand'chambre au parlement
de Paris, une paire de lunettes d'appro-
che, à l'angloise, pour lui servir à mieux
appercevoir dorénavant les globes céles-
tes dont il fait sa principale étude , & à découvrir dans les affaires, le véritable point
de la question ; étant ridicule qu'un má-
gistrat qui ne voit pas à un demi-pied devant lui, veuille s'aviser de pénétrer sans
guide dans les cieux.

Je donne & legue à *l'abbé Morelet* une
piéce de 12 sols pour prix de tous les li-
belles qu'il a composés par mon ordre.

Je donne & legue au nommé *Douis*

commis ventilateur, & *fous-efpion* à Paris,
une phiole d'alkali-volatile, pour le garantir de l'air méphitique qu'il pourroit refpirer
toutes les fois qu'il affiftera à l'ouverture
d'une foffe de commodités, en récompenfe
des découvertes qu'il a faites de pamphlets,
brochures & manufcrits nouveaux qui fe
débitoient au palais & ailleurs.

Je donne & legue *aux treize épiciers du
royaume*, l'efprit des loix, par Montefquieu,
pour fe pénétrer par une lecture réfléchie de
ce principe falutaire. « Que dans les gouver-
» nemens bien conftitués, la puiffance de
» juger doit être pour ainfi dire impercep-
» tible ; qu'elle ne doit point réfider dans
» des corps permanens, mais bien entre
» les mains de jurés choifis alternative-
» ment parmi le peuple, & que la loi
» puiffe atteindre quand ils s'en rendent les
» violateurs, parce qu'autrement il en ré-
» fulte toujours de très-grands inconvé-
» niens. »

Lors donc que les parlemens s'opiniâ-
trent à foutenir que leurs charges doivent
être inamovibles, ce langage annonce une
envie déméfurée d'exercer un defpotifme
affreux fur la nation, fans jamais craindre

d'être pourſuivis pour raiſon des prévarications horribles qu'ils commettent jour-
nellement, comme cela eſt arrivé juſqu'à
préſent. Pour remédier à ces abus dan-
gereux, c'eſt à la nation de prendre ſes
meſures ſi elle veut jouir des droits de la
liberté & s'affranchir à jamais de la verge
de fer, ſous laquelle ces êtres deſtructeurs
du genre humain font gémir les citoyens
depuis ſi long-tems.

Je nomme pour mon exécuteur teſta-
mentaire, M. *de Meaupeou*, mon digne coo-
perateur aux révolutions dernières, eſpé-
rant qu'il voudra bien avoir pour moi, la
bonté que j'ai eu pour mon ami *Beau-*
jon, avec cette différence que je ſuis bien
fâché de ne pouvoir le gratifier auſſi
généréuſement qu'il l'a fait envers moi,
attendu que je laiſſe une ſucceſſion un peu
délabrée, malgré que j'aie bien puiſé dans
celle de mon cher *Beaujon*; cependant
pour lui donner une marque de mon eſtime
& de ma reconnoiſſance, je le prie d'accepter une petite boîte d'or qu'il trouvera
dans mon ſecrétaire; elle renferme un ſe-
cret merveilleux pour ne jamais rougir;
comme il ne lui manque plus que cette per-

fection, l'œuvre alors sera consommée, & il pourra tout braver.

O vous, qui recevez des marques de mon attachement, priez aussi pour moi le père des élus; que votre intercession adoucisse la rigueur de mon fort, & vous préserve de ma renommée. *Amen.*

Signé, DE LAMOIGNON.

R A P P O R T   18

graphicom

BIBLIOTHÈQUE NATIONALE

CHÂTEAU
de
SABLÉ

1988